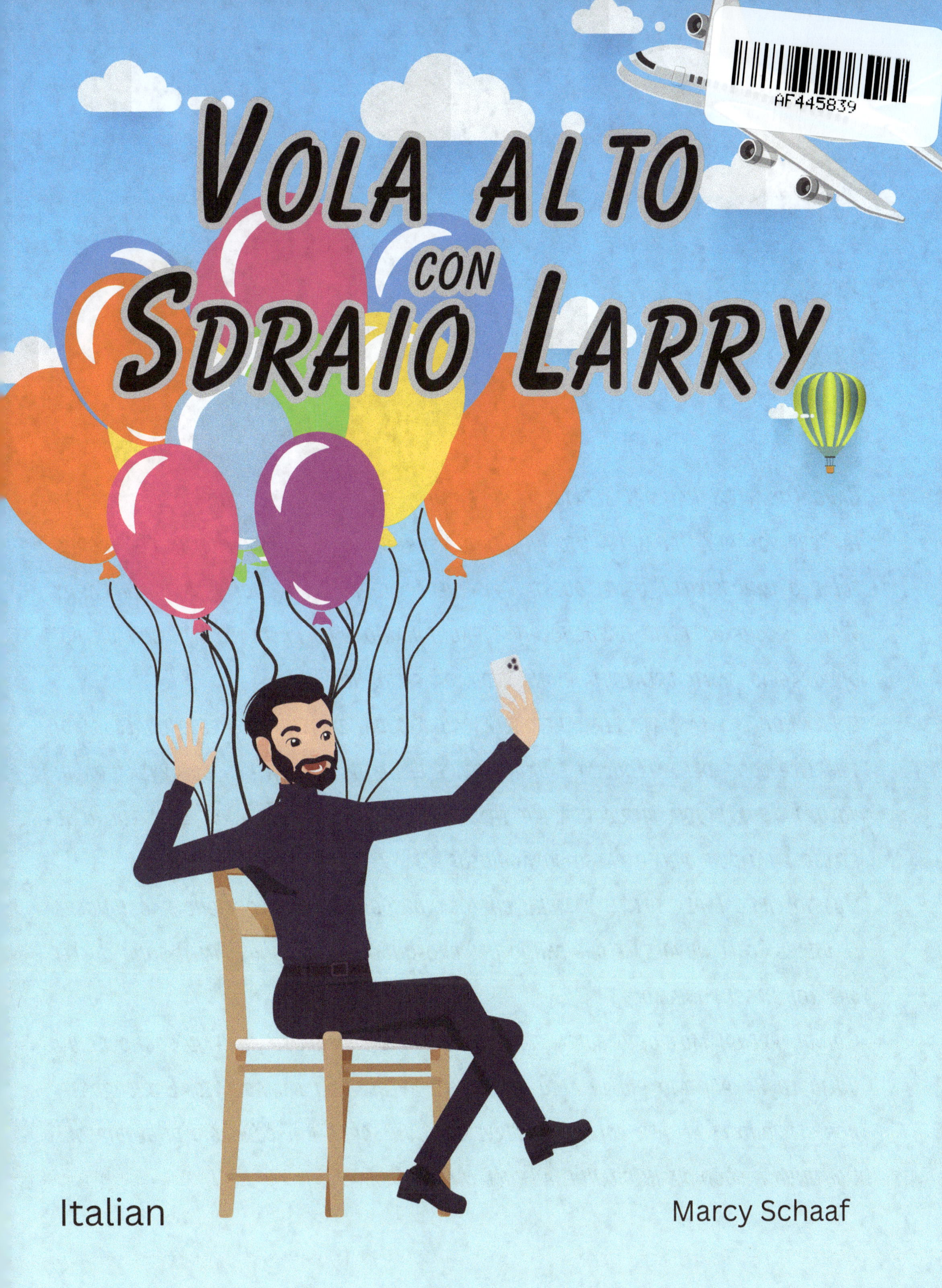

VOLA ALTO
CON
SDRAIO LARRY
Italian
Marcy Schaaf

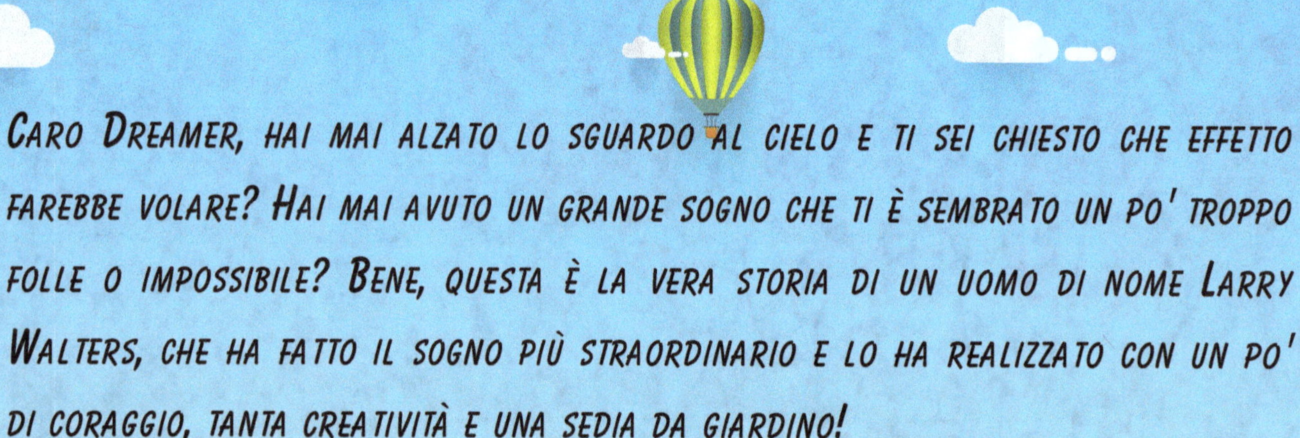

Caro Dreamer, hai mai alzato lo sguardo al cielo e ti sei chiesto che effetto farebbe volare? Hai mai avuto un grande sogno che ti è sembrato un po' troppo folle o impossibile? Bene, questa è la vera storia di un uomo di nome Larry Walters, che ha fatto il sogno più straordinario e lo ha realizzato con un po' di coraggio, tanta creatività e una sedia da giardino!

Larry non si è lasciato fermare dalla paura o dal dubbio. Ha preso qualcosa di semplice come dei palloncini e una sedia e li ha trasformati in un'avventura in volo. La sua storia ci ricorda che nessun sogno è troppo grande se credi in te stesso e fai quel primo passo coraggioso.

Questo libro è per tutti i bambini che osano sognare, che vogliono raggiungere le stelle (o le nuvole) e che sanno nel profondo che gli unici limiti sono quelli che noi stessi poniamo.

Quindi, prendiamo posto sulla sedia di Larry e scopriamo come il sogno di un uomo lo ha portato più in alto di quanto avesse mai immaginato. E ricordate: non servono le ali per volare, vi serve solo un sogno e il coraggio di seguirlo!

Continua a sognare in grande, autrice Marcy Schaaf

Copyright @ Books By Schaaf

Fly High with Lawnchair Larry 2024

Larry Walters had a dream, oh
so grand,
To rise up high, above the land.

Larry Walters aveva un sogno,
oh così grandioso, di elevarsi in
alto, sopra la terra.

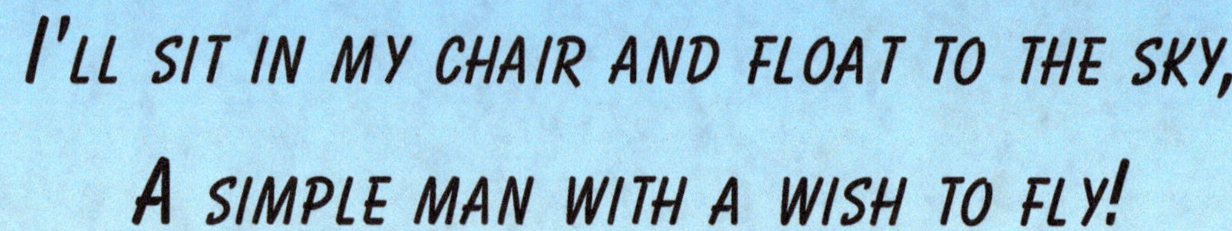

I'll sit in my chair and float to the sky,

A simple man with a wish to fly!

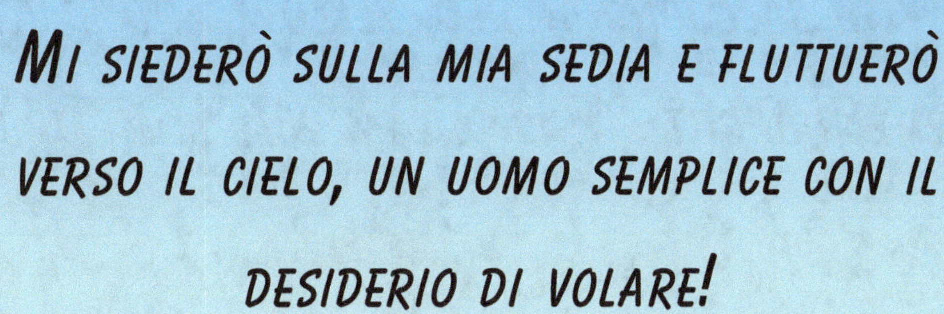

MI SIEDERÒ SULLA MIA SEDIA E FLUTTUERÒ
VERSO IL CIELO, UN UOMO SEMPLICE CON IL
DESIDERIO DI VOLARE!

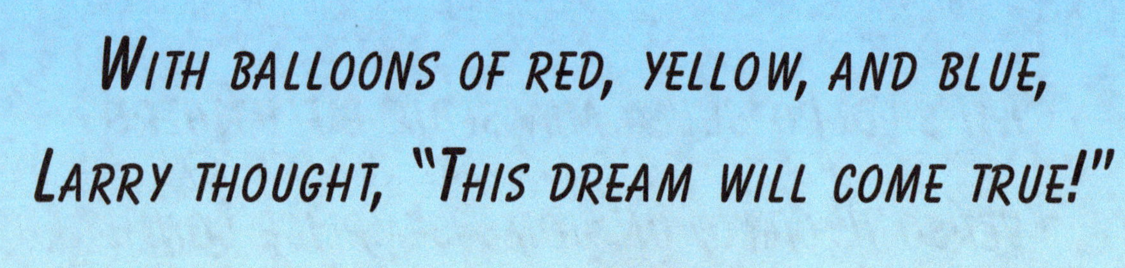

WITH BALLOONS OF RED, YELLOW, AND BLUE,
LARRY THOUGHT, "THIS DREAM WILL COME TRUE!"

Con palloncini rossi, gialli e blu, Larry
pensò: "Questo sogno diventerà realtà!"

HE TIED THEM TIGHT, WITH KNOTS SO NEAT,
THEN GRABBED A SODA AND A SNACK TO EAT.

Li legò stretti, con nodi così ordinati, poi prese una bibita e uno spuntino da mangiare.

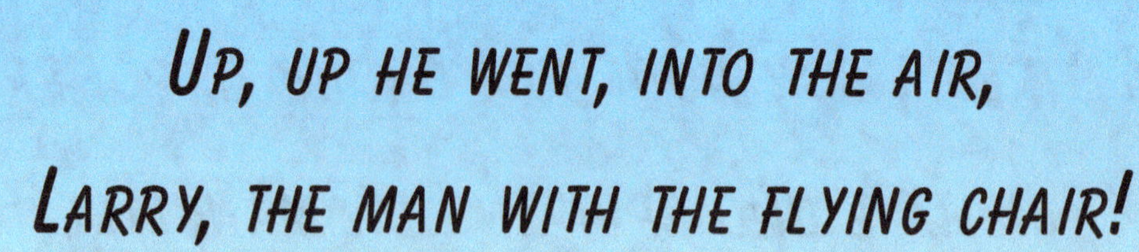

Up, up he went, into the air,
Larry, the man with the flying chair!

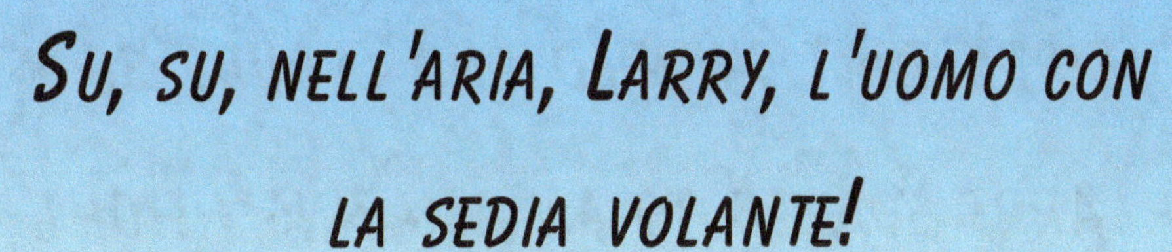

Su, su, nell'aria, Larry, l'uomo con
la sedia volante!

Past birds that chirped and clouds so white,
Larry soared to an amazing height.

Oltrepassando il cinguettio degli uccelli e le nuvole bianchissime, Larry volò a un'altezza incredibile.

But oh, dear me, what a surprise!

He floated too far, way up in the skies.

Ma oh, santo cielo, che sorpresa!
Volò troppo lontano, in alto nel cielo.

At sixteen thousand feet he sat
Waving hello to a passing cat.

A SEDICIMILA PIEDI DI ALTEZZA STAVA SALUTANDO CON LA MANO UN GATTO CHE PASSAVA.

PLANES FLEW BY WITH PILOTS WHO STARED,
AT LARRY'S BALLOONS AND THE CHAIR HE DARED.

GLI AEREI VOLAVANO CON I PILOTI CHE FISSAVANO I PALLONCINI DI LARRY E LA SEDIA CHE AVEVA OSATO.

"I'LL POP SOME BALLOONS, AND DOWN I'LL GO,"
SAID LARRY WITH A CONFIDENT GLOW.

"Farò scoppiare dei palloncini e scenderò",
disse Larry con un'espressione fiduciosa.

Bang! Bang! The balloons went "pop!"
Slowly, Larry began to drop.

Bang! Bang! I palloncini fecero "pop!"
Lentamente, Larry cominciò a cadere.

Down through the clouds, he made his way,
Back to the ground at the end of the day.

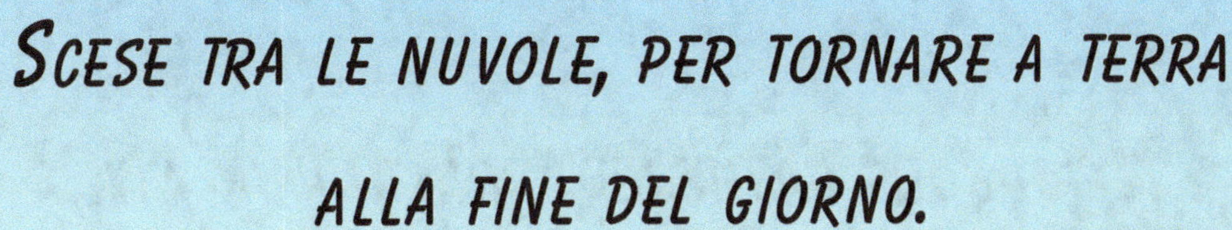

Scese tra le nuvole, per tornare a terra
alla fine del giorno.

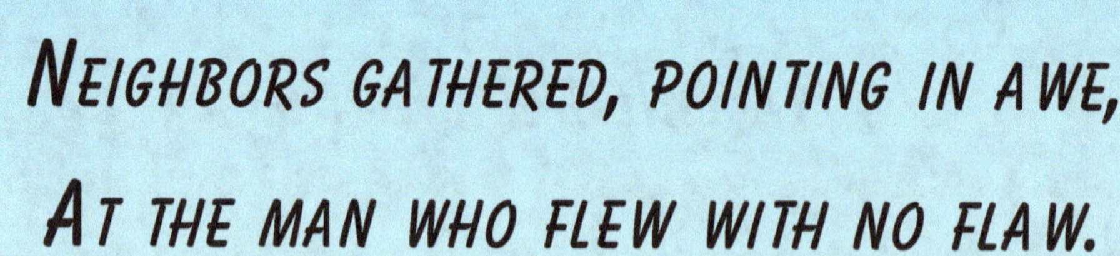

Neighbors gathered, pointing in awe,

At the man who flew with no flaw.

I VICINI SI RADUNARONO, INDICANDO

CON STUPORE L'UOMO CHE VOLAVA

SENZA MACCHIA.

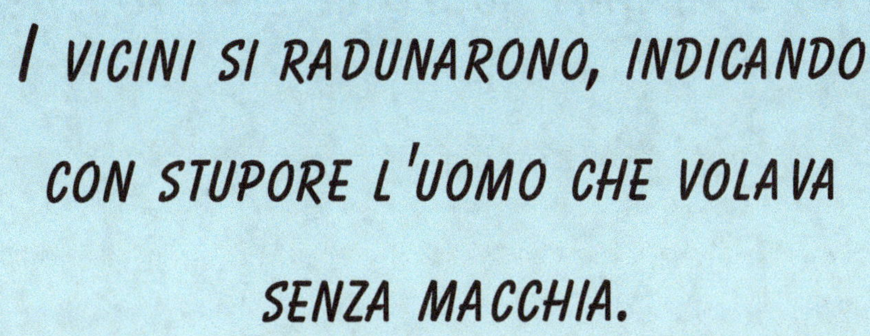

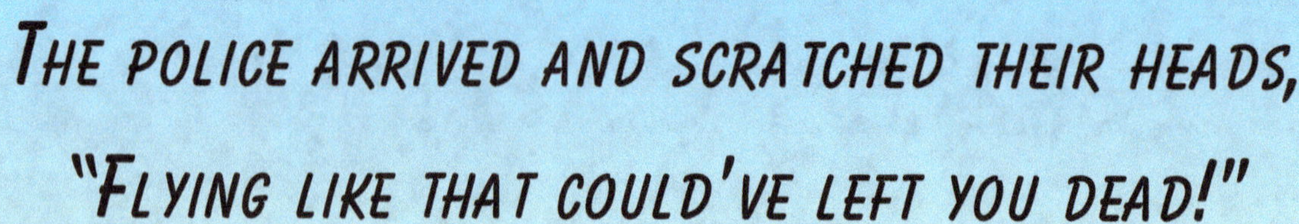

The police arrived and scratched their heads,
"Flying like that could've left you dead!"

La polizia arrivò e si grattò la testa:
"Volare in quel modo avrebbe potuto
lasciarti morto!"

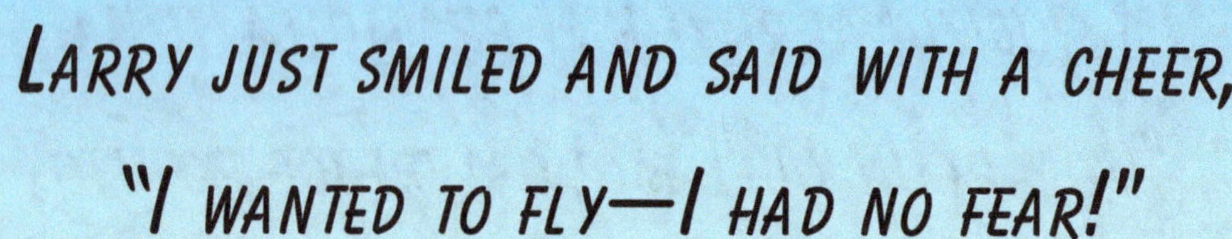

Larry just smiled and said with a cheer,
"I wanted to fly—I had no fear!"

Larry si limitò a sorridere e disse con un applauso: "Volevo volare, non avevo paura!"

The FAA frowned and gave him a fine,
But Larry still thought his flight was divine.

La **FAA** aggrottò la fronte e gli fece una multa, ma **Larry** continuò a pensare che il suo volo fosse stato divino.

A HERO HE BECAME IN PAPERS AND NEWS,
FOR CHASING A DREAM IN RED, YELLOW, AND BLUE HUES.

Divenne un eroe sui giornali e nelle notizie, per aver inseguito un sogno nei toni del rosso, del giallo e del blu.

Kids cheered,

"WE LOVE LARRY, THE FLYING MAN!"

He inspired them to dream and plan.

I bambini applaudivano,

"Adoriamo Larry, l'uomo

volante!"

Li ha ispirati a sognare e a progettare.

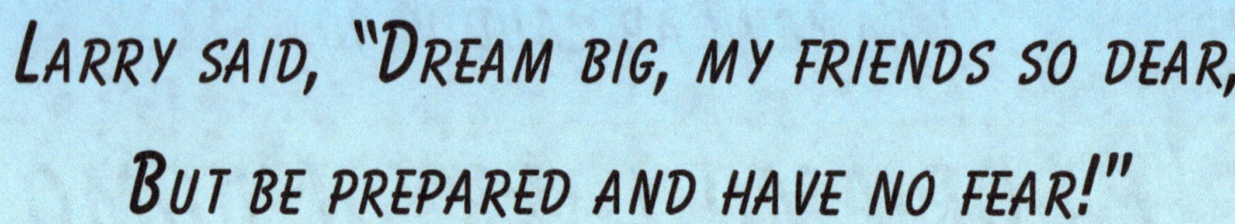

Larry said, "Dream big, my friends so dear,
But be prepared and have no fear!"

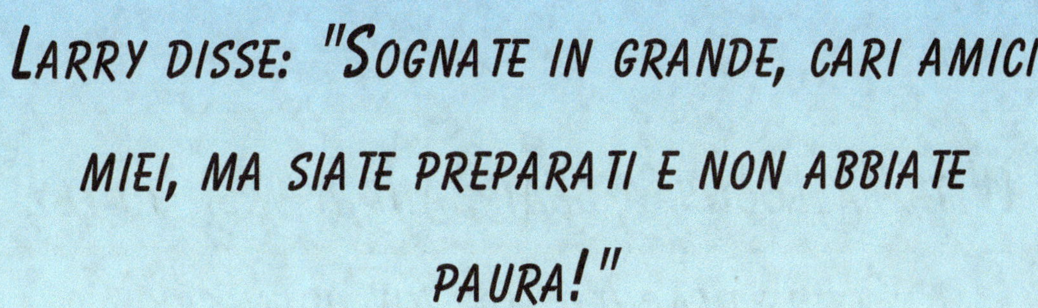

Larry disse: "Sognate in grande, cari amici miei, ma siate preparati e non abbiate paura!"

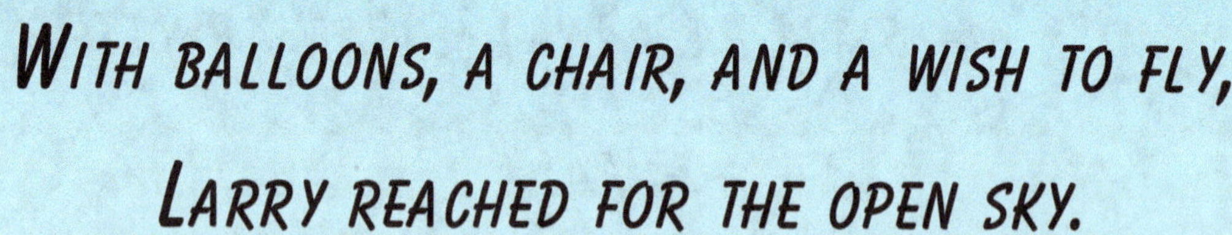

WITH BALLOONS, A CHAIR, AND A WISH TO FLY,
LARRY REACHED FOR THE OPEN SKY.

Con dei palloncini, una sedia e il desiderio di volare, Larry si diresse verso il cielo aperto.

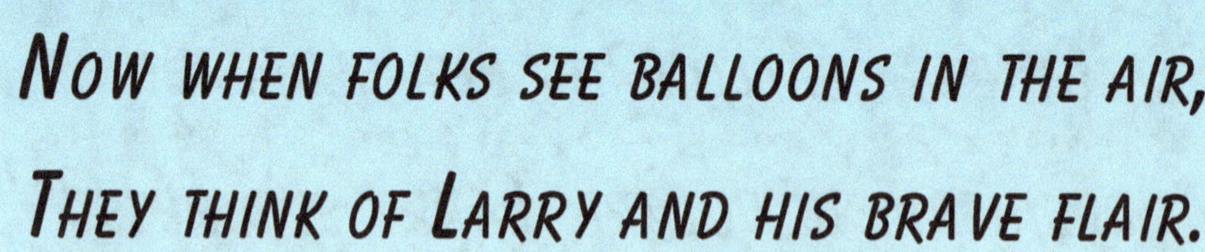

Now when folks see balloons in the air,
They think of Larry and his brave flair.

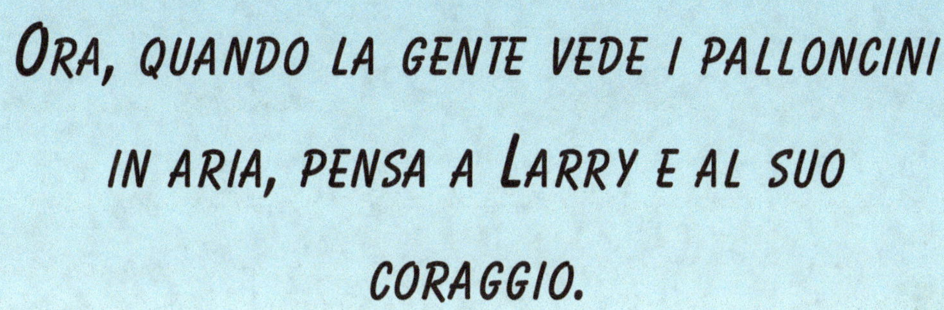

Ora, quando la gente vede i palloncini in aria, pensa a Larry e al suo coraggio.

So remember Larry and what he'd say,
"A man can't just sit all day!"

Quindi ricordate Larry e quello che diceva: "Un uomo non può semplicemente stare seduto tutto il giorno!"

He proved that dreams can lift us high,
Even if we're just an ordinary guy.

Ha dimostrato che i sogni possono portarci in alto, anche se siamo solo delle persone normali.

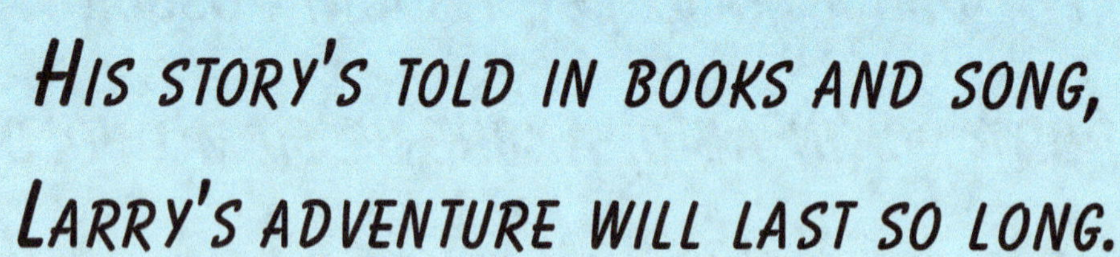
HIS STORY'S TOLD IN BOOKS AND SONG,
LARRY'S ADVENTURE WILL LAST SO LONG.

La sua storia è raccontata nei libri
e nelle canzoni, l'avventura di
Larry durerà così a lungo.

IF EVER YOU FEEL YOUR DREAM'S TOO HIGH,
THINK OF LARRY AND GIVE IT A TRY.

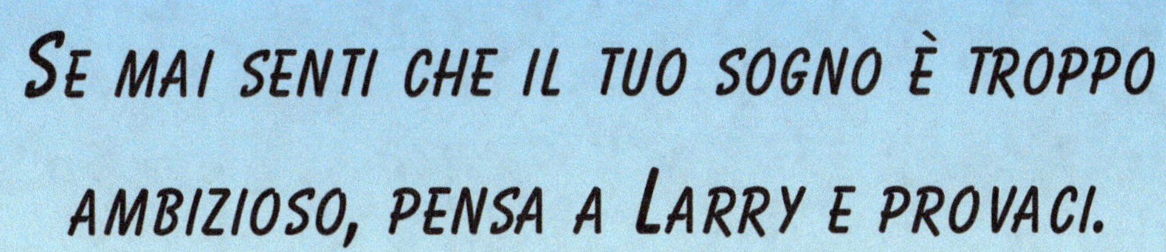

Se mai senti che il tuo sogno è troppo ambizioso, pensa a Larry e provaci.

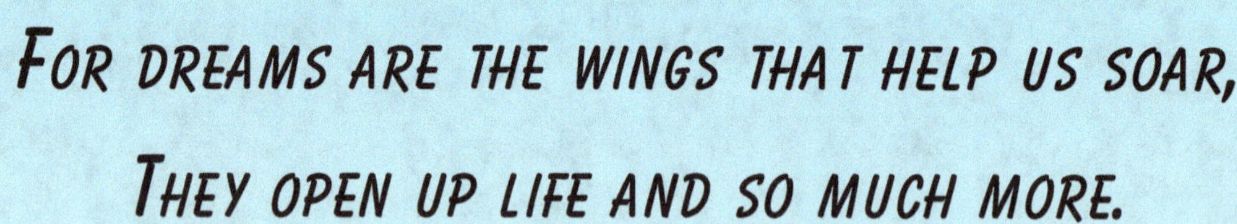

For dreams are the wings that help us soar,
They open up life and so much more.

Perché i sogni sono le ali che ci aiutano a volare, aprono la vita e molto di più.

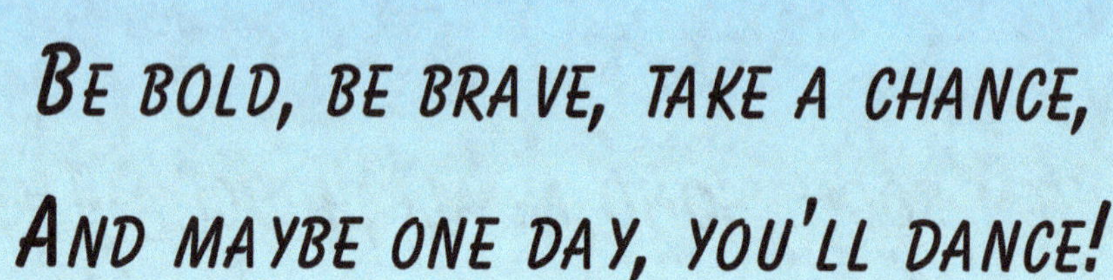
BE BOLD, BE BRAVE, TAKE A CHANCE,
AND MAYBE ONE DAY, YOU'LL DANCE!

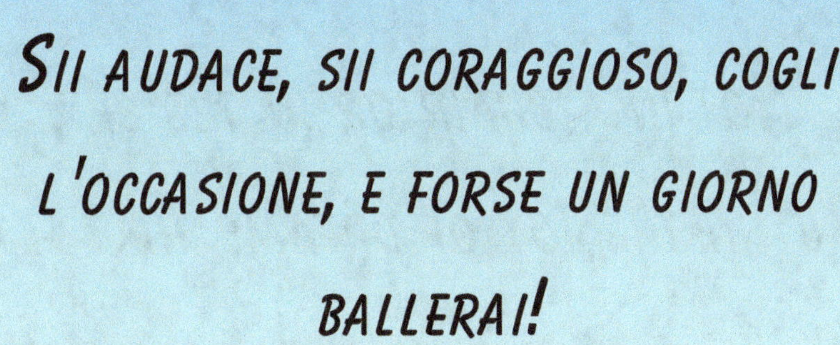

Sii audace, sii coraggioso, cogli l'occasione, e forse un giorno ballerai!

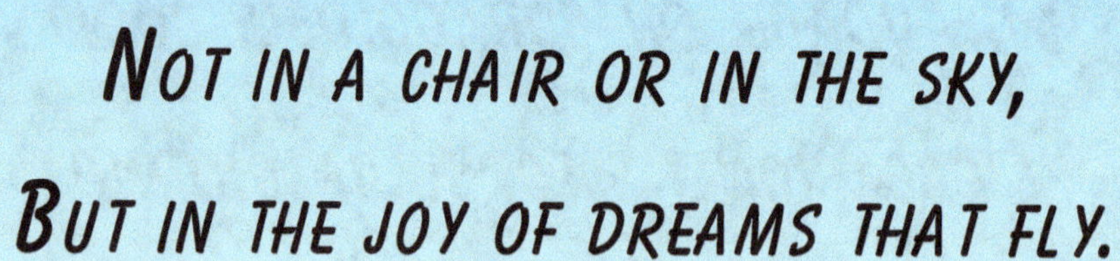

Not in a chair or in the sky,
But in the joy of dreams that fly.

Non su una sedia o nel cielo, Ma
nella gioia dei sogni che volano.

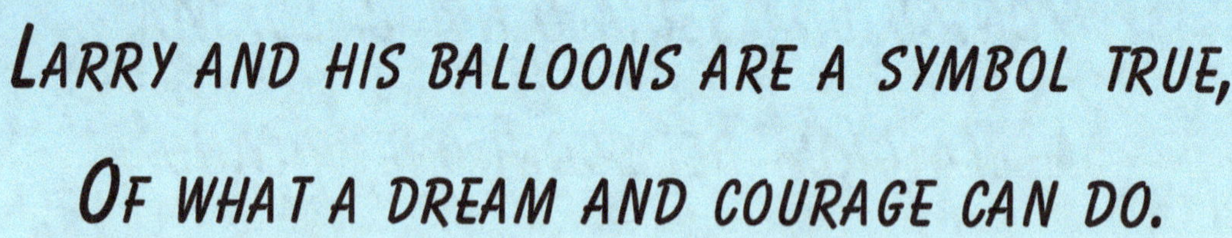

Larry and his balloons are a symbol true,
Of what a dream and courage can do.

LARRY E I SUOI PALLONCINI SONO UN SIMBOLO

FEDELE DI CIÒ CHE UN SOGNO E IL CORAGGIO

POSSONO FARE.

So tie your dreams to your heart with care,

And like Larry, fly anywhere!

Quindi lega con cura i tuoi sogni al tuo cuore e, come Larry, vola ovunque!

Larry Walters, famously known as "Lawnchair Larry," has inspired various creative works across different media. Here are some notable examples:

Books:

"The Man in the Flying Lawn Chair" by George Plimpton: This profile, published in The New Yorker in 1998, delves into Larry Walters' unique flight and its implications.
The New Yorker

"Larry Walters: The Witty Story Of A Lawnchair Flight And Its Pilot" by John Stewart: This book offers an in-depth look at Larry's remarkable life and his daring adventure.
Magers & Quinn Booksellers

Songs:

"Larry Walters (Lawnchair Larry)" by Michael Hearst: Featured on the album Songs For Extraordinary People, this track narrates Larry's adventurous flight.
Spotify

"Larry Walters" by Miscellaneous Owl: This song reflects on Larry's journey, capturing the whimsical nature of his flight.
Miscellaneous Owl

"Lawn Chair Larry" from the musical 42 Balloons: This song is part of a musical that centers on Larry Walters' flight, highlighting his daring spirit.
Playbill

Poems:

While there may not be widely recognized poems solely dedicated to Larry Walters, his story has inspired various creative expressions, including songs and articles, that capture the poetic essence of his adventure.

These works showcase the enduring fascination with Lawnchair Larry's unique and daring flight, reflecting his impact on popular culture.

Join Our Book of the Month Club!

Looking for the perfect gift that keeps on giving? Join our Book of the Month Club! For just $25 a month, or $250 if you purchase a year upfront, you or your loved ones will receive a handpicked children's book every month, straight to your doorstep.

Here's how it works:
Choose from 15 different languages to receive bilingual books that make learning fun.
Enjoy monthly shipments of our exclusive books that inspire, teach, and entertain children of all ages.
Each month's book is carefully selected to provide a new adventure, valuable lesson, and a chance to explore cultures from around the world.
It's the perfect gift for birthdays, holidays, or just because! Whether you're nurturing a young reader or encouraging language learning, our Book of the Month Club is designed to bring joy to every bookshelf.

Exclusive Bonus: As part of your membership, you'll also receive a monthly podcast about our featured book delivered straight to your email! Listen in for behind-the-scenes insights, fun facts, and tips for making storytime even more magical.

Sign up today at www.Booksbyschaaf.com and start enjoying the gift of reading all year long!

Unisciti al nostro Club del Libro del Mese!

Cerchi il regalo perfetto che continua a dare? Unisciti al nostro Club del Libro del Mese! Per soli $ 25 al mese, o $ 250 se acquisti un anno in anticipo, tu o i tuoi cari riceverete un libro per bambini selezionato con cura ogni mese, direttamente a casa vostra.

Ecco come funziona:
Scegli tra 15 lingue diverse per ricevere libri bilingue che rendono l'apprendimento divertente.
Approfitta delle spedizioni mensili dei nostri libri esclusivi che ispirano, insegnano e divertono i bambini di tutte le età.
Ogni mese il libro viene attentamente selezionato per offrire una nuova avventura, una lezione preziosa e un'opportunità di esplorare culture da tutto il mondo.
È il regalo perfetto per compleanni, feste o semplicemente perché! Che tu stia crescendo un giovane lettore o incoraggiando l'apprendimento delle lingue, il nostro Book of the Month Club è progettato per portare gioia in ogni scaffale.

Bonus esclusivo: come parte della tua iscrizione, riceverai anche un podcast mensile sul nostro libro in evidenza, direttamente nella tua e-mail! Ascolta per approfondimenti dietro le quinte, curiosità e suggerimenti per rendere l'ora delle storie ancora più magica.

Registrati oggi su www.Booksbyschaaf.com e inizia a goderti il dono della lettura tutto l'anno!

Books By Schaaf

www.BookBySchaaf.com

Podcast series about our book on TikTok.

Activity Guide companion's for each storybook can be found on our website.

Find us at: